왜 이런 이름이 생겼을까?

글쓴이 박시화

만경강이 흐르는 전라북도 솜리에서 태어났습니다.
과학자가 되고 싶어 물리학을 공부했는데 어쩌다 보니 책 만드는 편집자가 되어 편집장으로 일하며
100여 권의 책을 만들었습니다. 평소 풀과 나무와 곤충과 음식 들에 왜 이런 이름이 붙었을까 궁금해 하며
찾아보고 틈틈이 공부한 것을 모아 갈무리한 것이 이 책이에요.
지금은 후배 편집자들을 위해 강의도 하고 우주와 생명에 대해서도 공부하며 글을 쓰고 있습니다.
2009년 한국출판인회의에서 '아름다운 교수상'을 받았습니다.
지은 책으로는 《하늘을 보고 과학을 생각하다》가 있습니다.

그린이 양정아

대학에서 공예를 전공하고 지금은 비슬산 자락 아래에 살고 있습니다.
그린 책으로 《투명 인간이 된 스탠리》, 《내 생각은 누가 해줘?》, 《아빠가 나타났다》, 《우리들의 오월 뉴스》,
《소똥 경단이 최고야》, 《내 말 한마디》 등이 있습니다

왜 이런 이름이 생겼을까? 식물1

초판 1쇄 발행 2021년 12월 10일
글쓴이 박시화 | **그린이** 양정아
펴낸이 홍성우 | **책임 편집** 이정은 | **디자인** 조은화
펴낸곳 기린미디어 | **등록** 2016년 4월 26일 제 409-2016-000009호 | **제조국** 대한민국 | **사용 연령** 8세 이상
주소 경기도 김포시 모담공원로 17 | **전화** 0505-302-2381 **팩스** 0505-300-2381 | **전자우편** girinmedia@daum.net

ISBN 979-11-91142-37-2 74700 979-11-91142-32-7(세트)

우리가 몰랐던 **식물** 이름의 유래

왜 이런 이름이 생겼을까?

박시화 글 양정아 그림

기린미디어

넌 이름이 뭐니?

우리가 어떤 친구를 처음 만났다고 해 봐. 그러면 서먹서먹해서 공연히 딴 곳을 쳐다보다가, 무슨 말을 할까 재빨리 머리를 굴리겠지? 그리고 얼른 이렇게 말할 거야.

"안녕, 넌 이름이 뭐니?"

우리가 어떤 물건을 처음 봤을 때도 비슷할 거야. 그 물건에 대해서 아는 것이 아무것도 없을 때, 우리는 '이름'부터 궁금해하잖아. 어떤 사물의 이름을 아는 것은 그 사물과 친해지는 첫걸음이야.

이 세상에는 헤아릴 수 없이 많은 것들이 있어. 사람, 동물, 식물, 음식, 나라……. 그리고 이 모든 것들은 저마다 이름이 있지. 이 책은 우리에게 익숙한 동물이나 식물, 지역 등의 이름에 대해 쉽고 재미있게 풀이하고 있어. 이 책을 읽다 보면 틀림없이 '발견의 놀라움'과 '앎의 기쁨'을 느끼게 될 거야.

어떤 사물의 이름이 어떻게 생겨났는지를 알면 그 사물에 대해 관심이 생기면서 좀 더 깊이 들여다보게 돼. 그리고 그 과정에서 그 사물과 다른 사물들의 관계도 보이게 되지. 그러다 보면 저절로 세상 모든 것에 대해 탐구심이 생겨나게 돼.

그러니까 '이름 공부'는 곧 '말 공부'고, '말 공부'는 곧 '국어 공부'야. 그런데 생각해 봐. 우리가 학교에서 배우는 과목 중에 '말' 그러니까 '국어'로 되어 있지 않은 것이 있어? '국어'는 단순히 여러 과목 중의 하나가 아니야. 다른 모든 과목을 떠받치는 바탕이지.

자, 그럼 우리 다 같이 흥미진진한 '이름의 세계'로 모험을 떠나 볼까?

차 례

난 네게 반했어

야, 너도 밤나무잖아

밤처럼 까매서 밤나무?

따가운 가시로 덮인 밤송이 때문에 고슴도치를 떠올리게 하는 밤나무는 오랜 옛날부터 사람들과 함께해 온 고마운 나무야. 영양가가 많은 밤 열매는 날것으로 먹어도 맛있고 밥을 지을 때 넣어 먹기도 해. 또 목재는 단단해서 잘 부서지거나 썩지 않기 때문에 물레방아나 디딜방아를 만들거나 마을 앞에 세우는 장승으로 만들기도 했어.

2천 년 전의 가야 고분에서도 밤나무 열매가 나온 걸 보면 밤나무는 소나무, 잣나무와 함께 오랜 옛날부터 우리 생활에 두루두루 쓰이는 고마운 나무인 걸 알 수 있어.

그런데 왜 밤나무에는 '밤'이라는 이름이 붙었을까? '한밤중'이라고 말할 때의 그 '밤'일까? 밤나무의 어원은 정확하게 알려져 있지는 않

아. 하지만 학자들은 밤나무가 예전에는 '밥나무'로 불렸을 거라고 추측해. 아주 먼 옛날에는 먹을거리를 구하기가 쉽지 않았을 거야. 그러니 먹을 수 있는 열매가 열리는 나무는 배고픈 사람들에게 무척 소중한 나무였겠지? 특히 밤나무 열매는 맛도 좋고 영양분도 많아서 먹으면 밥처럼 든든한 음식이 되니까 '밥나무'라고 불리던 것이 '밤나무'로 변한 게 아닐까 하는 거지.

밤나무는 종류도 여러 가지야. 우리나라에서 쉽게 볼 수 있는 것은 한국밤나무, 일본밤나무, 중국밤나무인데 그중에서 한국밤나무가 병해충에 강하고 단맛도 으뜸이래.

천연기념물 너도밤나무

그런데 '너도밤나무'와 '나도밤나무'라는 이름의 나무는 정말 밤나무일까? 밤나무면 그냥 밤나무지 왜 하필 '너도밤나무', '나도밤나무'라는 웃긴 이름이 붙은 걸까?

너도밤나무는 우리나라 울릉도에서만 자라는 희귀한 나무여서, 울릉도 너도밤나무 군락은 천연기념물로 지정됐어. 지금은 여러 곳에 옮겨 심기도 하고 분재를 하기도 해서 종종 너도밤나무를 볼 수 있지만, 원래는 울릉도에 가야만 만날 수 있었지.

꽃 모양은 밤나무와 다르게 생겼지만, 잎사귀 모양은 비슷하고 또 열매도 밤톨과 꼭 닮았어. 그러다 보니 사람들이 "그래, 너도 밤나무 해라."라고 했을 것 같아.

나무의 종류로 보면 너도밤나무와 밤나무는 모두 참나뭇과에 속한 친척 나무야. 그래서 잎사귀와 열매가 비슷한 거겠지?

하지만 콩알만 한 빨간 열매가 열리는 나도밤나무라는 녀석은 밤나무와는 거리가 멀어. 참나뭇과가 아니라 단풍나무목 너도밤나뭇과에 속한 나무거든. 단지 잎사귀만 밤나무와 비슷할 뿐인데 밤나무 행세를 하고 있는 거야.

율곡 선생과 밤나무 천 그루

조선 시대의 큰 학자 율곡 이이가 네 살 무렵의 일이야. 어느 날 율곡의 집으로 호랑이만 한 덩치에 우락부락 산도적같이 생긴 산골 도사가 탁발을 왔어. 마침 외양간에서 소똥을 치우던 하인은 "아침부터 재수 없이 웬 거지람?" 하면서 냉큼 달려가서는 못되게도 소똥 한 바가지를 산골 도사의 탁발 그릇에 부어 버렸지. 이 모습을 본 율곡의 어머니 신사임당은 하인을 혼쭐내고는 산골 도사에게 미안하다고 사과하면서 쌀을 내줬어. 몹쓸 짓을 당해 불쾌해하던 산골 도사는 마음을 풀고 쌀을 받아 돌아가던 길에 마당에서 놀고 있던 율곡을 보고는 한마디했지.

"불쌍한지고. 총명한 아이인데 호환이 씌었구나."

호환(虎患)이란 호랑이한테 나쁜 일을 당하는 것을 말해. 이 말을 들은 신사임당은 깜짝 놀라지 않을 수 없었지. 귀하게 얻은 자식인데 호환이라니. 신사임당은 얼른 뒤쫓아 가서 산골 도사에게 물었어.

"도사님, 어떻게 하면 호환을 피할 수

있을까요?"

그러자 산골 도사가 방법을 일러 주었는데, 아이가 열 살이 되기 전에 밤나무 천 그루를 심으면 호환을 막을 수 있다는 거였어.

그때부터 율곡의 부모는 열심히 밤나무 묘목을 모아서 뒷산에 심었지. 사실 그 산골 도사는 100년 묵은 호랑이가 요술을 부려 둔갑한 것이었어. 소똥 세례를 받은 게 분하여 율곡을 물어 갈 생각이었지만 신사임당의 사과에 마음이 풀려 대신 숙제를 낸 것이었지.

그로부터 6년이 지나 율곡이 열 살 되던 해 어느 날, 그 산골 도사가 다시 율곡의 집에 찾아왔어. 그러더니 다짜고짜 "때가 되었으니 율곡을 데려가야겠다."고 큰 소리로 호령을 하는 거야. 율곡의 부모는 깜짝 놀라서 "저 뒷산에 밤나무 천 그루를 심었으니 아이만은 살려 주오." 하며 빌었어.

"그래? 으흠, 그럼 어디 가 보자."

호랑이 도사는 뒷산으로 가서 밤나무를 한 그루 한 그루 세기 시작했어.

"구백아흔여섯, 구백아흔일곱, 구백아흔여덟. 으하하하, 밤나무가
두 그루 모자라니 아이를 데려가야겠다."
이럴 수가. 틀림없이 밤나무 천 그루를 심었는데 그동안 두 그루가
말라 죽었던 거야. 이제 율곡은 꼼짝없이 호랑이 밥이 될 처지가 되
었어.
바로 그때 밤나무 옆에 있던 나무 한 그루가 소리를 쳤어.
"잠깐만요, 도사님. 나도 밤나뭅니다요."
호랑이 도사가 언뜻 보니 밤나무 비슷한 녀석이 나서고 있질 않겠
어?
"어허, 그래? 네 녀석이 밤나무라 치더라도 구백아흔아홉 그루이니
한 그루가 모자란다."
그랬더니 그 나무가 자기 옆에 서 있는 나무를 툭 치며 말했어.
"야, 너도 밤나무잖아."
밤나무는 아니지만 나도 밤나무고 너도 밤나무라고 우긴 두 그루의
나무 덕분에 율곡은 호환을 피하고 훌
륭하게 커서 큰 학자가 되었어.
그 뒤로 사람들은 두 그루의
나무를 '너도밤나무'와 '나도
밤나무'라고 불렀대.

밤에 보아도 낫자루, 낮에 보아도 밤나무

재미있는 말장난식의 속담이야. 벼나 풀을 베는 '낫'은 '밤낮'의 '낮'과 발음이 같아. 그래서 캄캄한 밤인데도 낫자루는 '낮'자루이고, 환한 대낮인데도 '밤'나무라고 일러 말한 속담이야. 속에 가진 고유한 성질은 숨길 수 없다는 뜻이야.

배 썩은 것은 딸 주고, 밤 썩은 것은 며느리 준다

며느리보다 딸을 더 아낀다는 뜻의 속담. 배는 썩어도 단맛이 있어 먹을 만하지만 밤은 썩으면 먹을 수 없음을 빗대어 한 말이야.

쭈그렁 밤송이 삼 년 간다

몸이 병약하여 얼마 못 살 것 같으면서도 목숨을 오래 이어 가는 것을 이르는 속담이야.

밤나무

- **분류** : 참나무목 참나뭇과
- **자라는 곳** : 아시아, 유럽, 북아메리카 등 온대 지역
- **생김새** : 키가 15미터 안팎까지 자라며,
  나무껍질은 어두운 회색을 띠고 세로로 갈라져 있다.
- **잎** : 길쭉한 타원형이고, 가장자리에 날카로운 톱니가 있다.
- **꽃** : 암수한그루로 6월 초여름에 핀다.
  흰색 털실 같은 모양의 수꽃은 새로 나온 가지의 잎겨드랑이에서 나오고,
  암꽃은 수꽃 아래 두세 개가 모여 난다. 꽃향기가 진하다.
- **열매** : 밤톨이라고도 부르는 열매는 가시가 많은 깍정이 속에 알맹이가 들어 있다.
- **쓰임** : 목재는 잘 썩지 않고 재질이 단단하며 탄성이 좋아서 집을 짓거나 다리를 놓을 때 사용한다.
  또 철도를 만들 때 기차 레일 밑에 받치는 침목으로도 많이 사용한다.
  열매는 차례와 제사상에 올렸으며, 결혼식 때도 아이 잘 낳고 부자가 되라는 뜻으로
  신부의 치마폭에 대추와 함께 밤을 던져 주는 풍속이 전해 온다.

달래야 달래야

꽃지짐 해 먹는 진달래

여러해살이 식물인 진달래는 봄이 오면 화사한 연분홍 꽃을 피우는
나무야. 우리나라의 산등성이나 언덕 여기저기에서 많이 자라는데
꽃이 예뻐서인지 요즘엔 학교 화단이나 길가에도 많이 심어서 따뜻
한 봄철에 자주 볼 수 있는 꽃나무지.

진달래 꽃잎은 빛깔만 고운 게 아니라 먹기도 했어. 조선 시대의 유명
한 시인 임제는 진달래 꽃잎으로 지진 화전을 이런 시로 남겨 놓았지.

작은 시냇가 돌 위에 솥뚜껑 받쳐 놓고
흰 가루 맑은 기름으로 진달래꽃 지지네

'화전'은 파전이나 부침개처럼 넓적하고 크게 부치는 것이 아니라 조그맣게 만들어 먹는 주전부리야. 역사도 참 오래되어서 고려 시대 때부터 만들어 먹은 우리 고유 음식이지.

옛사람들은 추운 겨울이 지나고 꽃 피는 봄이 오면 동산이나 냇가로 꽃놀이를 갔다고 해. 그때 만들어 먹은 음식이 화전이야. 다른 말로는 '꽃달임', '꽃지짐'이라고도 해. 쌀가루나 밀가루로 만드는데 그 위에 꽃잎을 살짝 얹어서 기름에 지져 먹는 거야. 맛도 있겠지만 모양도 참 예쁘겠지?

두견새가 구슬피 우는 이유

진달래꽃은 우리나라와 중국, 일본, 몽골에서 많이 자라는 나무야. 그래서인지 이름도 참 여러 가지고 사연도 많지.

옛사람들은 진달래꽃을 '참꽃'이라 하고 진달래보다 조금 늦게 피는 철쭉을 '개꽃'이라고 불렀어. 이렇게 부른 이유는, 진달래꽃은 꽃잎을 먹을 수 있지만 철쭉 꽃잎은 먹을 수 없어서야. 먹을 수 있으면 참꽃, 못 먹으면 개꽃!

또 진달래를 '두견화'라고도 불렀는데, '두견'은 두견과의 '두견이'라는 새를 말해. 진달래를 두견화라고 부른 데에는 사연이 있어.

옛날 중국 촉나라의 임금 두우가 나라가 망하면서 억울하게 죽었는데 그 두우 임금이 두견새로 환생하여 봄이 되면 무척이나 슬피 울며 피를 토했다고 해. 두견새가 피를 토한 자리에서 핏빛 꽃이 피었는데 그 꽃이 진달래라는 거야. 그 후로 진달래를 두견화라고 했대.

달래야 달래야 가여운 내 딸아

햇볕이 참 따뜻한 어느 봄날, 하늘나라에 사는 아름다운 선녀님이 구름을 타고 꽃구경을 나왔어. 새들이 지저귀고 나비가 나풀나풀 날아다니는 언덕 위를 구름을 타고 천천히 날아가면서 울긋불긋한 꽃들을 보고 있는데, 수많은 꽃들 중에서 정말 예쁜 꽃 하나를 발견했지.

"어쩜 저리도 고울까? 하늘나라로 가져가서 심어야겠어."

선녀는 꽃 위로 가까이 다가가서는 예쁜 꽃의 줄기를 잡고 힘껏 당겼어. 그런데 그 꽃은 생각보다 뿌리가 얕았어. 갑자기 꽃이 쑥 뽑혀 나오니까 선녀는 그만 엉덩방아를 찧으며 구름 아래 언덕으로 떨어져서 다리를 다치고 말았지.

"아야, 아야! 이를 어쩌나."

선녀는 다친 다리도 아프고 구름은 날아가 버려서 하늘나라로 돌아갈 길이 막막한 탓에 주저앉아 엉엉 울었어. 그때 마침 나무를 한 짐 지고 집으로 돌아가던 나무꾼이 선녀를 발견했지.

"저런, 다리를 다쳤나 보군요. 어디 좀 봅시다."

나무꾼은 선녀의 다친 다리에 수건을 친친 동여매어 주고는 선녀를 부축해서 집으로 데려갔어.

"누추한 집이지만 다리 나을 때까지 여기서 몸조리를 좀 하세요."

나무꾼의 정성스러운 간호를 받아서인지 선녀의 다리는 석 달 열흘 만에 다 나았어. 이제는 구름을 타고 하늘나라로 돌아가야 할 때가 왔지. 그런데 이를 어쩌나. 나무꾼의 지극한 간호와 성실한 마음씨에 선녀가 반하고 만 거야. 그래서 선녀는 하늘나라로 돌아가지 않고 나무꾼과 결혼해서 살기로 맘을 먹고 행복하게 살았단다.

그렇게 세월이 흘러 나무꾼과 선녀 사이에 예쁜 딸아이가 태어났어.

"우리 공주님 이름을 뭐라 지으면 좋을까?"

나무꾼과 선녀가 이런저런 이름을 고민하고 있는데 하늘에서 목소리가 들려왔어.

"그 아이 이름을 달래로 하거라."

그래서 나무꾼과 선녀의 딸은 달래라는 이름을 갖게 되었어. 달래는 엄마 아빠의 사랑을 담뿍 받으며 아주 예쁘고 행복하게 자랐지.

그런데 달래가 세 살이 되던 해에 하늘나라에서 선녀에게 이제 그만 돌아오라는 연락이 왔어. 하늘나라 사람은 땅에서 오래 살 수 없기 때문이었지. 헤어지기 싫은 세 가족은 몇 날 며칠을 울며 하늘에 기도를 올렸지만 하늘의 명령을 어길 수는 없었어. 어쩔 수 없이 선녀는 하늘로 돌아갔어. 달래를 잘 키워 달라는 부탁을 나무꾼 남편에게 남긴 채 말이야.

너무 슬펐지만 그래도 사랑스러운 딸 달래가 있으니 나무꾼은 선녀를 원망하지 않고 더욱 열심히 일해서 달래를 잘 키웠어.

그렇게 열여덟 해가 지나서 달래가 어여쁜 숙녀가 된 어느 날이었어. 그날도 달래는 늘 하던 대로 들에 나가 나물도 캐고 열매도 따며 집안일을 돕고 있었지. 때마침 고을의 맘씨 고약한 원님이 지나가다가 달래를 발견한 거야. 원님은 한눈에 달래에게 반하고 말았어.

"여봐라, 저 처자가 어느 집 자손인지 알아봐서 첩으로 들이거라."

나무꾼과 달래에게는 청천벽력 같은 횡포가 아닐 수 없었지. 나무꾼 아버지는 원님에게 달려가서 빌어도 보고 울어도 봤지만 고약한 원님에게는 아무 소용이 없었어. 포졸들이 다짜고짜 집으로 들이닥쳐서는 달래를 막무가내로 끌고 가려고 했지. 달래는 포졸들을 때리며 발버둥을 쳤지만 소용이 없었어. 그러다가 결국 달래가 죽고 말았어.

그 모습을 본 나무꾼은 넋이 빠져서는 달래의 주검을 부여안고 통곡을 했어. 그때였어! 하늘에서 소리가 들려왔지.

"달래야, 달래야. 가여운 내 딸아."

하늘나라 선녀 엄마가 달래를 부르는 소리였어. 그러자 죽었던 달래가 벌떡 일어서더니 한 송이 연분홍 꽃이 되어 훨훨 춤을 추며 하늘나라로 올라갔어.

선녀 아내의 목소리를 따라 딸마저 하늘로 올라가자 홀로 남은 나무꾼은 달래를 목 놓아 부르다가 그 자리에서 죽고 말았어. 그때 하늘에서 고운 연분홍 꽃잎이 눈처럼 내리더니 나무꾼의 몸을 덮어 주었어.

그 뒤로 사람들은 나무꾼의 성씨인 '진'과 딸의 이름 '달래'를 합하여 연분홍 꽃이 피는 나무를 '진달래'라고 불렀다고 해.

진달래꽃이 늦게까지 피면 흉년 든다

진달래꽃은 4월에 피어 5월에 지는데 여름까지 꽃이 피어 있다면 봄 추위와 봄 가뭄이 오래된 것이므로 농사에 흉년이 든다는 뜻이야.

진달래 지면 철쭉꽃 보랬다

진달래꽃이 지고 나서야 철쭉꽃이 핀다는 뜻으로, 누구나 상식으로 다 아는 사실을 빗대어 이르는 말이야.

진달래가 두 번 피면 가을이 따뜻하다

봄에 한 번 피는 진달래가 두 번 피는 것은 봄이 일찍 시작하여 늦게까지 지속되었다는 것을 말하는데, 여름도 그만큼 늦게 시작하게 되어 가을이 따뜻하다는 뜻의 속담이야.

진달래

- **다른 이름** : 두견화, 산척촉, 참꽃, 꽃장다리, 진다래 등
- **분류** : 진달래목 진달랫과
- **자라는 곳** : 한국, 일본, 중국, 몽골 등
- **생김새** : 다 자라면 2~3미터까지 큰다.
- **잎** : 꽃이 진 뒤에 나온다. 타원형으로 끝이 뾰족하다.
- **꽃** : 4월에 잎이 나오기 전에 깔때기 모양의 분홍색 꽃이 먼저 핀다.
- **열매** : 타원형이고 끝부분에 암술대가 남아 있다. 10월에 익는다.
- **쓰임** : 꽃은 화전을 부칠 때 쓰거나 술을 담가 약술로 먹는다. 뿌리는 한방에서 약재로 쓰이는데, 기침을 멈추게 하고 혈액 순환을 좋게 한다.

기름기가 잘잘 흘러

하얀 미인 나무

자작나무는 추운 지방이나 높은 산악 지대에서 자라는 큰키나무야. 우리나라에서는 백두산의 자작나무 숲이 가장 유명하고 강원도의 여러 산에도 자작나무가 많이 자라고 있어.

산에서 자라는 나무들은 대부분 나무껍질이 어두운 색인데, 자작나무는 껍질이 새하얀 데다가 키도 커서 쉽게 눈에 띄는 나무야. 그래서 옛사람들은 자작나무를 신성한 나무로 여겨 왔어.

'자작나무'라는 이름이 붙은 까닭은, 자작나무의 하얀 껍질에 기름기가 많아서 불에 탈 때 '자작자작' 하는 소리가 나기 때문이라고 해. 그래서 옛날에는 자작나무로 횃불을 만들어 어두운 밤에 길을 밝히는 데 썼어. 그리고 남녀가 결혼식을 올리는 것을 "화촉을 밝힌다."라고 하는데, 이때 '화촉'이라는 말의 '화'도 자작나무를 가리킨다고도 해. 하지만 '화촉'의 '화(華)'는 '자작나무 화(樺)'와는 쓰는 한자가 달라.

자작나무 껍질에 그려진 천마도

자작나무를 잘 보면 나무껍질이 쉽게 벗겨지는 것을 알 수 있어. 자작나무의 흰 껍질은 마치 종이를 여러 겹 붙여 놓은 것처럼 되어 있어서 한 장 한 장 매끄럽게 떨어져. 널찍하게 벗겨지는 이 껍질에다가 사람들은 글자를 쓰거나 그림을 그리기도 했지. 우리나라의 국보 207호인 '천마도'가 바로 자작나무 껍질에 그린 그림이야. 1,500년이 흘렀는데도 그림이 남아 있을 정도니까 정말 대단하지. 그리고 천마도와 함께 발견된 금관도 자작나무 가지와 이파리 모양이야.

그것뿐 아니라 사람이 죽으면 이 자작나무 껍질로 시신을 싸서 장례를 치르기도 했어. 껍질의 기름기가 시신을 보호해서 미라로 보존되기도 하거든.

우리가 씹는 껌 중에도 자작나무 성분을 넣은 껌이 있어. 영어로 '자일리톨'이라고 하는 성분이 이 자작나무에서 뽑아낸 거야.

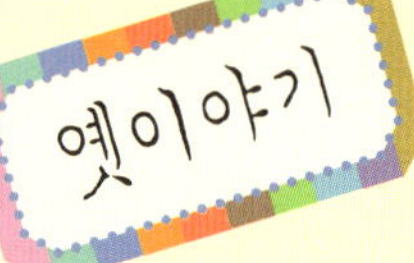

설화와 할아버지

옛날에 백두산 기슭에서 사냥을 하며 살아가는 백씨 할아버지와 손녀 설화가 살고 있었어.

어느 날 할아버지는 사냥을 나가고 설화 혼자 집안일을 하고 있을 때였지. 마침 그 마을의 부잣집 도련님이자 바람둥이로 소문난 막둥이가 설화네 집 앞을 지나다가 설화를 보고 한눈에 반하고 말았어. 그날 이후로 짝사랑에 빠진 막둥이는 중매쟁이 할머니에게 설화를 만날 수 있도록 해 달라고 부탁했어.

꾀 많은 중매쟁이 할머니는 설화를 찾아가서는 막둥이가 설화를 좋아한다는 이야기는 쏙 빼고, 부잣집에 일손이 부족하니 가서 좀 도와달라고 했어. 형편이 넉넉지 않았던 설화는 중매쟁이 할머니에게 고맙다고 인사까지 하며 부잣집 살림을 도와주게 되었지.

살림 솜씨가 좋은 설화는 부잣집 일을 자기 집 일처럼 열심히 했어. 하지만 막둥이가 자신을 좋아하는 것에는 신경을 쓰지 않았어. 사실 막둥이는 성격이 거친 데다가 욕심꾸러기여서 어느 누구도 막둥이를 좋아하지 않았거든.

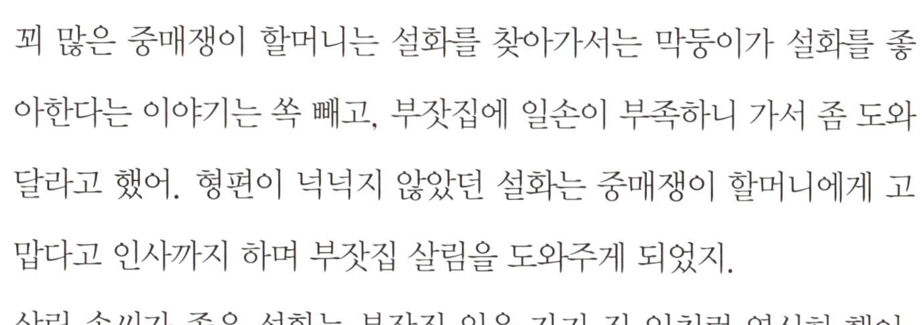

그런데 어느 날부터 마을에 이상한 소문이 퍼지기 시작했어. 설화와 막둥이가 그렇고 그런 사이라는 둥, 설화가 부잣집 재산이 탐나서 막둥이와 결혼하려 한다는 둥 모두가 설화의 가슴을 서늘하게 하는 것들이었지.

설화는 그런 소문을 듣고는 너무 분하고 억울해서 부잣집 일을 그만두었어. 중매쟁이 할머니가 찾아와서는 설화를 설득하려 했지만, 자신을 생각해 주는 척하면서 막둥이를 위해 흉계를 꾸민 중매쟁이 할머니와는 말도 하고 싶지 않았지.

이 사실을 뒤늦게 안 할아버지는 화가 나서 당장 부잣집으로 달려가 따졌어. 하지만 우락부락한 머슴들에게 몰매만 맞고 쫓겨나고 말았지. 손녀딸을 잘 보호하지 못했다는 생각에 할아버지는 그만 정신을 놓고 깊은 산속으로 들어가 버렸어.

할아버지를 기다리던 설화는 얘기를 전해 듣고는 통곡하다가 할아버지를 찾아 나섰어. 험한 산봉우리를 정신없이 오르다가 멀리 서 있는 할아버지를 찾아냈지만 할아버지는 이미 돌처럼 굳어 있었어. 설화는 돌처럼 굳은 할아버지를 붙

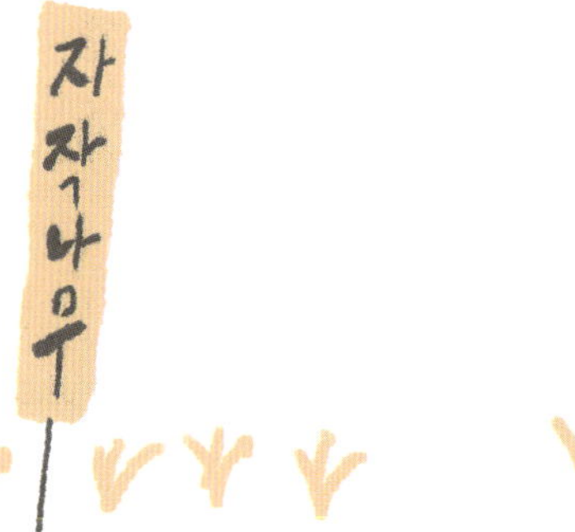

잡고 울고 또 울었어. 울다가 지친 설화는 결국 그 자리에 쓰러져 죽고 말았단다.

세월이 지난 후에 할아버지와 설화가 쓰러졌던 그 자리에서는 하얀 자작나무와 만병나무가 자라났다고 해.

사우나, 보드카, 자작나무로 당신의 병을 고칠 수 없다면 그 어느 것으로도 병을 고칠 수 없다

핀란드에서는 옛날부터 자작나무에 들어 있는 여러 가지 약 성분을 잘 이용하여 민간요법으로 병을 치료해 왔어. 때문에 자작나무로 고칠 수 없는 병은 어떤 약을 써도 고칠 수 없다는 속담이 핀란드에 생겼다고 해.

자작나무

- **다른 이름 :** 백단, 백화, 거저나무, 하수나무 등
- **분류 :** 참나무목 자작나뭇과
- **자라는 곳 :** 추운 지방에서 잘 자란다.
- **생김새 :** 다 자라면 키가 20~30미터에 달하고, 나무껍질은 흰색이며 옆으로 얇게 벗겨진다. 작은 가지는 자줏빛을 띤 갈색이다.
- **잎 :** 어긋나고 삼각형 달걀 모양이며, 가장자리에 불규칙한 톱니가 있다. 잎 뒤쪽에는 털이 있다.
- **꽃 :** 암수한그루로 꽃은 4월에 피고 암꽃은 위를 향하며 수꽃은 이삭처럼 아래로 늘어진다.
- **열매 :** 10월에 익고 아래로 처져 매달린다. 길쭉한 타원 모양이며 솔방울보다 작고 길다.
- **쓰임 :** 흰빛을 띠고 곧게 자라는 모습이 아름다워 가로수나 정원수로 많이 심는다. 목재는 조직이 단단하고 벌레가 먹지 않아서 가구와 조각 작품을 만드는 데 이용한다. 자작나무 껍질을 한방에서는 '백화피'라고 하여 약으로 쓴다. 오줌을 잘 누게 하고, 열을 가라앉히며, 아픈 통증을 가라앉게 해 준다.

울 밑에 선 봉선화야

봉선화와 봉숭아

울 밑에 선 봉선화야 네 모양이 처량하다

길고 긴 날 여름철에 아름답게 꽃 필 적에

어여쁘신 아가씨들 너를 반겨 놀았도다

쓸쓸하게 느껴지는 이 노랫말은 일제 강점기 때 김형준이라는 시인의 시에 작곡가 홍난파가 곡을 붙인 가곡 〈봉선화〉야. 가사를 잘 읽어 보면, 일본 제국 주의의 식민지로 고통을 당하는 우리 민족이 꽃이 다 져 버린 가을날의 봉선화처럼 쓸쓸하지만, 한편으로 새로운 봄에 꽃 필 것을 약속한다는 희망의 의미를 담고 있어. 우리 민족의 독립을 염원하는 내용을 담은 노래지. 이 노래에 나오는 '봉선화'는 우리가 흔히 '봉숭아'라고 부르는 꽃이야.

뱀이 싫어해서 피해 가는 꽃

옛날에는 사람들이 대부분 봉숭아를 울타리 밑에 심었어. 그래서 노랫말에도 "울 밑에 선"이라고 나오는 거겠지. 그런데 왜 하필 울타리 밑에 심었을까? 거기에는 우리 조상들의 지혜가 숨어 있어.

아름다운 꽃을 피우는 봉숭아는 독특한 냄새를 퍼뜨리는데, 이 냄새를 파충류, 특히 뱀이 싫어한다고 해. 그래서 봉숭아를 울타리 밑에 심으면 사람에게 위험한 뱀이 집을 피해 간다는 거야. 하지만 사람은 그 냄새를 맡을 수 없어. 참 신기한 일이지?

봉황을 닮은 꽃

봉숭아꽃은 원래 한자로 '봉선화'라고 해. 꽃 모양이 봉황새를 닮아서 그렇게 지었대. 봉황새는 중국의 전설에 나오는 새인데, 귀한 물만 마시고 천 년에 한 번 열린다는 대나무 열매를 먹는다고 해. 봉숭아 꽃이 아름답고 신령스러워서 봉황새에 비유했나 봐.
원래는 한자 이름으로 된 봉선화를 사람들이 부르다 보니까 '봉선화'가 '봉숭아'로 변해서 지금의 이름이 된 거야.

봉숭아꽃 물들이는 법

봉숭아꽃으로 손톱에 물들이기 시작한 것은 악한 귀신과 병마를 쫓

기 위해서였다고 해. 우리나라의 민속 사상인 오행설에서는 빨간색
이 나쁜 귀신을 물리친다고 하거든.

하지만 오늘날에는 아이들이 손톱을 예쁘게 하기 위해 물을 들이고
있어. 여름 방학이 되면 꼭 한번 봉숭아꽃으로 손톱에 물들여 봐. 어
떻게 하는지 방법을 가르쳐 줄게.

먼저 봉숭아 꽃잎과 잎을 따서 작은 그릇에 담아. 그리고 섞으면서 찧
은 다음 백반이나 소금을 넣는 거야. 그러면 빨간 덩어리가 되는데 그
것을 조금씩 손톱에 올려서 비닐 랩으로 떨어지지 않게 감싸 실로 묶
어 두면 돼. 옛날에는 그러고서 하룻밤을 지나야 된다고 생각했는데
사실은 20~30분만 지나도 빨갛게 물든 예쁜 손톱을 볼 수 있어.

봉선이의 금빗

아득한 옛날 어느 산골 마을에 봉선이라는 착하고 예쁜 여자아이가 있었어. 부모님이 일찍 돌아가셔서 봉선이는 마을의 부잣집에서 일을 도와주며 살고 있었지.

그러던 어느 날 냇가에서 빨래를 하는데 냇물 속에서 무엇인가 반짝이는 게 눈에 띄었어. 무얼까 하며 손으로 건져 보니 금으로 만든 아주 예쁜 빗이었지. 여자라면 누구라도 탐낼 만한 금빗이었어.

그러나 착한 봉선이는 욕심내지 않고, 이렇게 예쁜 빗을 잃어버린 사람은 얼마나 속상해하고 있을까 걱정을 먼저 했어. 그래서 금빗의 주인을 찾아보기로 마음먹었지.

그날부터 매일 시간 나는 대로 봉선이는 마을 사람을 만나면 금빗을 보여 주며 혹시 잃어버린 물건이 아닌지 물어보고 다녔어. 하지만 며칠이 지나도 주인을 찾지 못했지.

그러던 어느 날 봉선이는 다시 냇가에 가서 빨래를 하고 있었어. 그때 어디선가 처음 듣는 새 울음소리가 들렸어. 어떤 새일까 궁금해서 둘러보니 하얀 새가 버드나무에 앉아 구슬피 울고 있는데 그 아래에서 하늘나라 선녀가 무언가를 찾는 듯 냇물을 보고 있었어. 선녀 주

위는 아름다
운 무지개가 둘러싸고 있었고 말이
야. 그 모습에 이끌린 봉선이는 선녀에게 다
가가서 무슨 일이 있는지 물었어. 그러자 선녀가 슬픈 얼굴로 얼마
전에 냇가에서 목욕을 하다가 빗을 잃어버렸다고 하는 거야. 그 말
을 들은 봉선이는 활짝 웃으며 품 안에 넣어 두었던 금빗을 꺼내 주
었어. 그제야 선녀도 활짝 웃으며 봉선이의 착한 마음을 칭찬해 주며
금빗을 봉선이에게 선물로 주고 하늘나라로 돌아갔어.

봉선이는 예쁜 빗을 얻게 되어 기쁜 마음으로 그 빗으로 매일매일 머
리를 정성스레 빗었어. 놀랍게도 금빗으로 머리를 빗은 뒤로 봉선이
의 얼굴이 더 빛나고 아름다워졌어.

그런데 그런 봉선이의 모습을 몰래 지켜보던 부잣집 마님이 나쁜 마
음을 먹었지.

'저 금빗은 내가 가져야겠다.'

봉선이가 잠든 틈을 타서 마님은 봉선이의 금빗을 훔치고 대신 자기
가 쓰던 은으로 만든 빗을 봉선이의 짐 안에 넣어 두었어.

그런 사실도 모른 채 부지런히 집안일을 거들던 봉선이는 결국 주인
마님의 은빗을 훔쳤다는 누명을 쓰고 관가에 끌려가는 처지가 되고
말았어. 참으로 억울한 일이지.

분하고 억울한 마음을 안고 관가로 잡혀가던 봉선이는 도중에 그만 낭떠러지에 몸을 던져 죽고 말았어.

착한 봉선이의 사연을 들은 마을 사람들은 봉선이를 양지바른 곳에 묻어 주었는데, 어느 봄날 봉선이의 무덤에서 처음 보는 예쁜 꽃이 피어나기 시작했어. 마을 사람들은 그 꽃을 봉선이의 이름을 따서 '봉선화'라 부르고 집집마다 옮겨 심어 잘 가꾸었다고 해. 그리고 마을 처녀들은 추운 날에도 싫다 하지 않고 손끝이 빨개지도록 빨래를 하던 봉선이를 그리며 봉선화 꽃잎으로 손톱을 빨갛게 물들였대.

봉숭아

- **다른 이름** : 금봉화, 지갑화, 봉새, 봉시아꽃, 봉수레 등
- **분류** : 무환자나무목 봉선화과
- **자라는 곳** : 인도, 동남아시아, 한국 등
- **생김새** : 키가 60센티미터 넘게 자라는 큰 종류와 40센티미터 아래의 작은 종류가 있다. 곧게 자라고 줄기가 두툼하다.
- **잎** : 어긋나고 잎자루가 있으며 바소꼴로 양 끝이 좁고 가장자리에 톱니가 있다.
- **꽃** : 7~10월에 핀다. 꽃은 두세 개씩 잎겨드랑이에 달리고 꽃대가 있어 밑으로 처지며 좌우로 넓은 꽃잎이 퍼져 있다. 꽃 빛깔은 분홍색, 빨간색, 주홍색, 보라색, 흰색 등이 있고, 꽃 모양도 홑꽃, 겹꽃이 있다.
- **열매** : 타원형이고 털이 있으며, 익으면 껍질이 터지면서 씨가 멀리까지 튕겨 나간다.
- **쓰임** : 꽃잎과 백반을 함께 섞어 찧어서 손톱에 물을 들였다. 손톱과 발톱 무좀에 봉숭아 꽃잎이 잘 듣는다고 전해 온다. 또한 봉숭아꽃에서 뿜어내는 독특한 물질은 뱀이 싫어해서 옛날부터 집 울타리 주변에 많이 심었다.

너의 등불이 되어 줄게

불을 밝히는 초롱

"눈망울이 초롱초롱해."

눈이 맑고 예쁜 사람을 보면 이런 말이 절로 나와. 눈을 보면 그 사람의 마음씨를 알 수 있다는 옛말도 있는 걸 보면 초롱초롱한 눈을 가진 사람은 마음도 참 예쁠 거라는 생각이 들어. 그런데 '초롱초롱하다.'에서 '초롱'이라는 말은 무슨 뜻일까?

초롱은 캄캄한 밤중에 길을 갈 때 불을 밝히는 데 쓰던 물건이야. 텔레비전의 역사 드라마 같은 데서 가끔 나오는 것을 봤을 거야. 길라

잡이를 하는 하인들이 긴 막대기 끝에 천을 씌운 등불을 들고 앞서가고 그 뒤를 아씨가 조심스레 걸어가는 모습 말이야. 그때 들고 가는 등불을 '초롱'이라고 해. 다른 말로는 '등롱'이라고도 하지.

'청사초롱'이라는 말도 있는데, 등불의 겉에 파란색 천과 붉은색 천을 위아래에 씌운 초롱을 일컬어. 청사초롱은 조선 시대에 궁궐이나 신분이 높은 벼슬아치들이 쓰던 초롱이야. 청사초롱은 지금도 가끔 볼 수 있어. 결혼식을 올리기 전에 신랑이 신부의 집에 함을 지고 갈 때 "함 사세요!" 하고 외치면서 청사초롱에 불을 밝혀 들고 가거든.

대롱대롱 매달린 꽃

초롱꽃은 꽃 모양이 한밤중에 들고 가던 초롱을 닮아서 붙은 이름이야. 통통한 꽃이 꽃대 끝에 대롱대롱 매달려 있는 모습이 귀엽기도하고, 또 고개를 숙이고 땅을 바라보며 피어 있는 모습이 다소곳해서 순박해 보이는 꽃이야.

초롱꽃은 전 세계에 650여 종이나 있는데 우리나라에는 열여덟 종이 자라고 있어. 그중에서도 금강초롱꽃과 섬초롱꽃이 유명한데, 섬초롱꽃은 울릉도에서만 자라는 특산종이야. 금강초롱꽃은 금강산에서 많이 자라는 초롱꽃이라서 그런 이름이 붙은 거야. 그래서 강원도부터 북쪽 지방에 주로 자라. 금강초롱꽃이나 섬초롱꽃은 보기 힘들겠다는 생각이 든다고? 금강산이나 울릉도에 가야 하는 건 아닌지 하고 말이야. 지금은 쉽게 씨앗을 구할 수 있어서 집 마당이나 화분에 심어 키울 수 있으니 걱정하지 마.

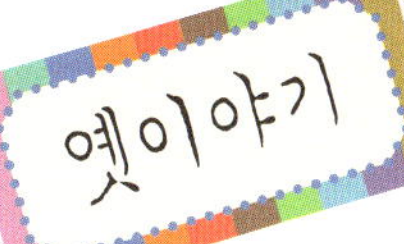

금강산의 오누이

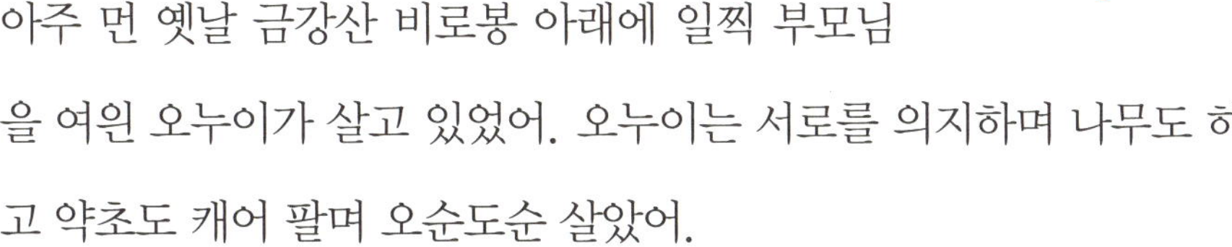

아주 먼 옛날 금강산 비로봉 아래에 일찍 부모님을 여읜 오누이가 살고 있었어. 오누이는 서로를 의지하며 나무도 하고 약초도 캐어 팔며 오순도순 살았어.

그러던 어느 날 누나가 앓아눕게 되었어. 이제 아홉 살밖에 되지 않은 남동생은 누나의 병을 고치기 위해 금강산에서 자라는 온갖 약초를 캐러 날마다 산에 올랐지. 그러나 온갖 약초를 다 써 봐도 누나의 병은 쉬 낫지 않았어. 약초를 찾다가 지친 어린 동생은 몸을 쉬러 잠시 나무에 기대었다가 돌아가신 어머니 꿈을 꾸었어. 꿈속에서 어머니는 동생에게 안타까운 얼굴로 이렇게 얘기했지.

"가여운 내 아들아. 누나의 병을 고칠 약이 이 세상에는 없구나. 네 누나의 병을 고치려거든 저 멀리 달나라에 있는 계수나무 열매를 써야 하는데 사람의 힘으로 어찌 달나라에 갈 수 있겠니."

꿈속일망정 이런 말을 들은 동생은 꿈에서 깨어서도 서러운 마음에 엉엉 울고 말았어. 누나의 병을 고칠 약이 정말 없는 것일까 하고 말이야. 그러다가 문득 예전에 나무꾼 아저씨에게 들었던, 금강산 어느 절에 있다는 영험한 도사님

이야기가 떠올랐어.

'그래, 도사님은 달나라에 갈 방법을 알 거야.'

동생은 산길을 달려 도사님을 찾아가서 물었어. 그러자 도사님은 "금 강산 비로봉이 하늘과 가장 가까운 곳이니 그곳에 오르면 달나라가 멀지 않겠으나, 그렇다 한들 사람의 힘으로 달에 오를 수 있겠느냐?" 하면서 집으로 돌아가라 했어. 아픈 누나의 병을 낫게 하는 일이라면 뭐든 할 생각이었던 동생은 일단 집으로 돌아갔다가 다음 날 비로봉 에 오르기로 했어.

다음 날 일찍 비로봉으로 향한 동생은 날이 저물어서야 꼭대기에 도 착했어. 과연 달과 별이 가깝게 보이기는 했지만 더 이상 올라갈 길 은 없었어. 이제 어찌할까 하며 동생이 바위에 기대어 잠시 쉬고 있 는데 갑자기 번개가 치며 하늘에서 금빛 사다리가 내려오는 것이 보 였지. 깜짝 놀라 바위 뒤에 숨어 지켜보니, 어여쁜 선녀가 물항아리

를 들고 사다리를 타고 내려와서는 비로봉 꼭대기에서 나오는 물을 받고 있는 게 아니겠어? 물을 다 받은 선녀가 이번에는 하늘에 대고 뭔가를 비추니까 하늘에서 사다리가 다시 내려와 이를 타고 선녀가 하늘로 올라가 버렸어.

놀랍기도 하고 신기하기도 한 모습에 동생은 얼른 달려 나와 선녀가 물을 긷던 곳을 자세히 봤어. 그랬더니 바위 밑에 조그만 금구슬이 빛나고 있는 게 눈에 띄었지. 아마도 선녀가 이 금구슬을 하늘에 비추어 사다리를 탄 것이 분명하다 생각한 동생은 금구슬을 들어 하늘에 비추었어. 그랬더니 정말 번개가 치며 사다리가 내려오는 거야. 동생이 막 사다리에 올라가려는 때에 마침 동생을 기다리다 못해 아픈 몸을 끌고 찾아 나선 누나가 저 멀리서 오고 있었어. 동생이 비로봉에 갔다는 말을 듣고 초롱불을 밝혀 들고 찾아 나선 것이었어. 동생은 누나를 보고 손을 흔들며 외쳤지.

"누나, 달나라에서 약을 찾아 금방 올게. 조금만 기다려 줘. 금방 올게."
달나라에 올라간 동생은 계수나무 열매를 찾긴 했지만 사람의 몸으로 달나라에 온 것이 들켜 옥황상제

앞에 붙잡혀 가고 말았어. 하지만 동생의 사연을 들은 옥황상제는 동생의 마음이 기특하다 하시며 계수나무 열매를 따도록 허락했고 금강산 비로봉에 갈 수 있도록 천궁의 용마까지 선물했어.

누나의 병을 고칠 수 있다는 기쁨에 동생은 용마를 타고 한달음에 달려 비로봉에 내렸지만 누나는 보이지 않았어. 하늘나라의 하루는 인간 세상에서 100년과 같은 시간이라서 누나는 동생을 기다리다가 그만 죽고 말았던 거야.

대신 누나가 초롱을 들고 기다리던 그 자리에 마치 초롱처럼 생긴 꽃이 피어났어. 그 후로 사람들은 그 꽃을 금강초롱꽃이라 불렀대.

초롱꽃

- **분류** : 초롱꽃목 초롱꽃과
- **자라는 곳** : 한국, 일본, 중국 등
- **생김새** : 줄기는 높이가 30~60센티미터까지 자라고 털로 덮여 있으며 옆으로 뻗어 가는 가지가 있다.
- **잎** : 뿌리 가까운 잎은 잎자루가 길고 달걀꼴의 심장 모양이다. 줄기에 달린 잎은 세모꼴의 달걀 모양 또는 넓은 바소꼴이고 가장자리에 불규칙한 톱니가 있다.
- **꽃** : 6~8월에 피고 흰색 또는 연한 홍자색 바탕에 짙은 반점이 있으며 긴 꽃줄기 끝에서 밑을 향하여 달린다.
- **쓰임** : 어린 순을 나물로 먹는다. 꽃향기가 좋아서 꺾꽂이하여 집 안에 많이 둔다.

100일 동안 꽃 피워 봤어?

간지럼을 타는 나무

겨드랑이와 발바닥처럼 간지럼을 잘 타는 곳을 손가락이나 새털 같은 것으로 간질이면 참을 수 없는 웃음이 터져 나와. 온몸이 떨리는 것은 당연하고 말이야. 가끔 강아지나 고양이도 간질이면 간지럼 타는 것처럼 보여. 그렇지만 사람이 느끼는 간지러움과는 다르니까 동물들에게 간지럼을 태울 때는 조심해야 해.

그럼 식물도 간지럼을 느낄까? 과학적으로 그것이 간지러움이라고 밝혀지지는 않았지만 꼭 간지럼을 타는 것처럼 움직이는 나무가 있어. 흔히 '간지럼나무'라고 말하는 배롱나무가 그런 나무야. 배롱나무는 간지럼 태우듯이 나무줄기를 손톱으로 살살 긁으면 여린 가지와 잎이 꼭 간지럼 타는 모양처럼 살랑살랑 흔들거려. 참 신기하지?

오랫동안 꽃 피우는 나무

배롱나무의 다른 이름은 간지럼나무, 간질 나무, 목백일홍, 양반 나무 등이야. 우리가 공원에서 볼 수 있는 배롱나무는 대부분 2~3미터 정도의 높이지만, 다 자랐을 때는 5미터가 넘게 자라기도 해.

'배롱나무'라는 이름은 원래 '백일홍 나무'라는 이름에서 왔어. '백일홍'은 '100일 동안 붉은 꽃이 피는 식물'을 이르는 것인데, 배롱나무의 꽃도 오래 피어 있거든.

그런데 자세히 보면 한 꽃이 오래 피어 있는 것은 아니야. 배롱나무의 꽃은 한 가지에 작은 꽃송이가 여러 개 돋아나 한 꽃이 져도 다른 꽃이 피어 있으니까 멀리서 보면 늘 꽃이 피어 있는 것처럼 보여. 그래서 '100일 동안 꽃이 핀다.' 하여 '백일홍'이라는 이름이 붙은 거야. 꽃이 100일 넘게 피어 있는 것은 드문 일이거든.

그래서 옛사람들은 '백일홍 나무'라고 불렀어. 원래는 그렇게 이름 지어 불렀던 것인데, '백일홍'이라는 이름이 오랜 세월 사람들의 입을 거치면서 '백일홍→배길홍→배롱' 이렇게 바뀐 거야. 우리가 남을 놀릴 때 쓰는 말인 "메롱" 하고는 전혀 다른 말이지?

느릿느릿해서 양반 나무

배롱나무의 다른 이름엔 '양반 나무'도 있어. 생김새가 미끈하고 잘생기긴 했어. 하지만 그렇다고 '양반 나무'라고까지 불렀을까?

'양반 나무'는 배롱나무의 꽃이 봄철이 한참 지나고 나서야 피기 때문에 붙은 이름이야. 남들이 한창 봄꽃을 피울 때 가만있다가 느지막이 점잖게 꽃을 피운다고 해서 '양반'이라는 이름이 앞에 붙은 거지.

사실 배롱나무는 중국 남쪽 따뜻한 곳에서 자라던 나무야. 우리나라에 오면서 추운 기후에 적응을 하다 보니까 다른 꽃나무보다 꽃을 늦

게 피우게 된 거지. 매끈하게 생긴 녀석이 꽃도 느릿하게 피우는 걸 보고 양반이 거드름 피우는 것처럼 느릿하다고 생각한 사람들이 '양반 나무'라고 이름 붙인 거야.

배롱나무

- **다른 이름** : 간지럼나무, 백일홍, 자미, 저금낭 등
- **분류** : 도금양목 부처꽃과
- **자라는 곳** : 중국, 한국(경기도 이남 지역) 등
- **생김새** : 큰 것은 키가 5미터까지 자란다.
  나무껍질은 연한 붉은 갈색이며 얇은 조각으로 떨어지면서 흰 무늬가 생긴다.
- **꽃** : 암수한꽃으로 7~9월에 붉은색으로 핀다.
  꽃잎은 꽃받침과 더불어 여섯 개로 갈라지고 주름이 많다.
- **쓰임** : 관상용으로 많이 심고, 꽃은 피를 멈추는 데 효과가 있어 한방에서 월경 과다, 장염, 설사 등에 약으로 쓴다.

나? 중국에서 왔지롱

유채꽃 아니고 배추꽃

겨울에도 따뜻한 바닷바람이 부는 제주도 섬마을에 가면 봄이 채 오지도 않았는데 피어 있는 노란 유채꽃을 볼 수 있어. 길게 목을 뺀 줄기 끝에 노란 꽃이 피는 걸 보면 이제 겨울이 다 가고 봄이 오는구나 하는 생각이 들어.

유채꽃은 제주도처럼 따뜻한 곳에서만 피는 꽃이야. 그런데 잠깐! 제주도보다 춥고 봄도 늦게 오는 우리나라 중부 지방에서도 유채꽃을 볼 수 있다고? 미안하지만 그건 유채꽃이 아니라 배추꽃이야. 잘 모르고 보면 배추꽃과 유채꽃이 비슷해 보이거든.

우리가 늘 먹는 김치의 재료가 배추인 것은 알지만, 정작 배추의 꽃이나 뿌리는 잘 모르는 경우가 많지. 실제로 배추가 자라는 것을 보지 못해서일 거야.

배추와 바이차이

역사학자들은 우리나라에서 배추를 기르기 시작한 것이 기원전 200년 무렵이라고 말해. 역사 자료에 적혀 있는 게 그때니까 실제로는 그보다 훨씬 전부터 배추를 길러 먹었을지도 몰라. 어쨌든 배추는 오래된 역사만큼이나 우리 생활과 참으로 가까운 식물이야.

김치도 담가 먹고 여러 음식 재료로도 많이 쓰니까 '배추'라는 말이 순우리말인 것처럼 느껴지지? 그런데 알고 보면 '배추'라는 이름은 원래 중국에서 들어온 한자 이름에서 비롯된 거야. 한자로는 '배추'를 '흰 백(白), 나물 채(菜)'로 쓰거든. 한자로 '백채'인데 중국 발음으로

는 '바이차이'야. 이것이 우리나라에 전해지면서 '바이차이→배채→
배차→배추' 이렇게 변한 거지. 그래서 지금도 나이 많으신 할아버지
할머니 중에는 옛날식으로 '배차'라고 하시는 분들도 있어.

배추벌레와 배추흰나비

배추벌레는 배춧잎을 먹고사는 애벌레야. 새끼손가락만 한 통통한
몸을 가졌고 배춧잎처럼 연녹색을 띠고 있어. 요즘은 배추에 벌레가

먹지 않도록 독한 농약을 쳐서 배추벌레를 내쫓아.

그런데 조금은 징그럽게 생긴 배추벌레가 다 자라서 배추흰나비가 되면 얼마나 예쁜지 아니? 그래서 친환경 농사를 짓는 사람들은 배추벌레를 죽이지 않고 배추벌레용 밭을 만들어서 그곳으로 옮겨 준대. 사람들이 먹을 배추와 벌레가 먹을 배추를 같이 기르는 거야. 벌레도 농부도 모두 행복하겠지?

지금은 도시가 커져서 나비를 보기 힘들기도 하고, 또 그래서 배추흰나비처럼 아름다운 나비가 그리워지기도 해. 집에서 배추벌레를 길러 나비로 키우는 친구들도 있다고 하니 우리 몸에 영양을 주는 김치만큼이나 좋은 일을 하는 듯해.

배추가 함께하는 밥상

우리 밥상에서 가장 중요한 반찬인 김치에 꼭 필요한 재료가 배추라
는 건 다 알지? 배추가 있어야 갖은 양념을 버무려 넣어서 김치를 담
글 수 있는 거야.

배추가 주재료인 배춧국은 또 어떻고? 배추는 배춧국뿐만 아니라 여
러 가지 국에 들어가기도 해. 아니면 깨끗이 씻어서 그냥 된장이나
고추장에 찍어 먹거나 쌈을 싸서 먹기도 하지.

배추는 부침개로도 부쳐 먹을 수 있어. 군침만 흘리지 말고 한번 먹어 봐. 맛있는 배추와 함께하면 건강도 좋아질 테니 말이야.

배추 밑에 바람이 들었다
겉보기에 그럴 것 같지 않은 사람이 좋지 못한 짓을 하는 경우를 비유하는 말이야.

배추밭에 개똥처럼 내던진다
마구 집어 내던지는 것을 비유해 이르는 말이야.

배추

- **다른 이름** : 백채, 숭채, 배차, 배치, 뱁초, 비치 등
- **분류** : 양귀비목 십자화과
- **자라는 곳** : 한국, 중국, 일본 등
- **생김새** : 겉잎은 달걀을 거꾸로 세워 놓은 모양이고,
  잎 중앙에 넓은 흰색의 가운데 맥이 있으며 녹색이거나 연한 녹색이다.
- **잎** : 뿌리에 달린 잎은 땅에 깔리고 가장자리에 불규칙한 톱니가 있으며 양쪽 면에 주름이 있다.
  줄기에 달린 잎은 줄기를 싼다.
- **꽃** : 네 개의 꽃잎이 십자형을 이룬 십자화관 꽃부리이며 짙은 노란색이다.
  밑동으로부터 위 끝을 향하여 꽃이 핀다.

시금한 게 매력이지

뽀빠이가 힘을 내는 법

혹시 '뽀빠이'라는 만화 주인공을 알아? 뽀빠이는 미국에서 만든 만화 영화의 주인공인데, 배를 타는 선원이야. 좀 잘난 체를 해서 얄밉기는 하지만 마음이 착하고 나쁜 짓을 보면 용기를 내서 나쁜 사람을 혼내 주는 영웅이지. 그리고 올리브라는 여자 친구에게 늘 잘해 줘.

그런데 영웅 뽀빠이에게는 한 가지 약점이 있어. 나쁜 사람에게 처음부터 이기지는 못한다는 거야. 나쁜 사람과 겨루다가 힘이 달려서 처음에는 지거든. 그러다가 시금치를 먹으면 갑자기 힘이 불끈 솟아서 슈퍼맨처럼 악당을 혼내 줘. 영웅이 시금치를 먹어야 힘을 낸다는 것이 좀 싱겁긴 하지?

그런데 실제로 시금치는 악당을 혼내 줄 수 있을 만큼 영양이 많은 식물이야. 비타민이 많고 엽산이라는 중요한 영양소가 들어 있어서 건강에 아주 좋아. 특히 한창 자라는 나이에는 시금치를 잘 먹어야 해.

시큼해서 시금치?

그런데 그렇게 중요한 영양을 담고 있는 식물인 시금치는 왜 하필 이름이 '시금치'일까? 더 멋진 이름도 많을 텐데.

'시금치'라는 이름의 유래는 두 가지가 있는데, 중국의 한자에서 비롯됐다고 말하는 학자들이 가장 많아. 시금치의 한자 표현은 '적근채', 즉 '붉을 적(赤), 뿌리 근(根), 나물 채(菜)'야. '뿌리가 불그스레한 풀'이라는 뜻이지. 원래 '적근채'였는데, 그것을 우리말로 부르는 동안 '적근채→식근채→시금채→시금치'로 변했다는 거야. 옛 우리말에서 지읒(ㅈ)이 시옷(ㅅ)으로 변한 경우가 더러 있거든.

시금치라는 이름이 '시글다', '시금하다'에서 왔다고 하는 학자들도 있어. '시금하다'라는 말은 식초를 넣은 것처럼 시큼하다는 뜻이야. 시금치는 날것으로 먹기에는 좀 거세서 물에 데쳐 먹거나 삶아서 먹거든. 날것일 때는 약간 시금털털한 맛이 나.

어쨌든 우리나라에서는 1400년대 기록에서부터 시금치가 나왔다고 하니까 참 오래도록 우리에게 친숙한 나물이지만 그 말이 어떻게 처음 생겼는지는 아직 확실치 않아.

시금치

- **다른 이름** : 마아초, 적근채, 파릉채, 시금추, 호렌추 등
- **분류** : 중심자목 명아줏과
- **자라는 곳** : 한국, 중국 등
- **생김새** : 다 자라면 키가 30~60센티미터이다.
  뿌리는 연한 붉은 색이며 굵고 길다.
  원줄기는 곧게 서고 속이 비어 있다.
- **잎** : 어긋나고 잎자루가 있으며 밑부분이 깊게 갈라지고 윗부분은 밋밋하다.
  밑동의 잎은 세모진 달걀 모양이고 잎자루는 위로 갈수록 점차 짧아진다.
- **꽃** : 암수딴그루이며 5월에 연한 노란색으로 핀다.

궁궐에는 없을걸?

우리나라를 상징하는 꽃

다들 알다시피 무궁화는 우리나라를 상징하는 꽃이야. 그런데 언제부터 무궁화가 우리나라의 나라꽃이 되었을까?

무궁화는 흔히 대한민국이 들어서고 나서 나라꽃이 된 것으로 알고 있지만, 사실은 훨씬 오래전부터 우리나라를 상징하는 꽃이었어.

역사 기록을 보면, 신라 시대 때 외국에 보낸 문서에 신라는 스스로를 일컬어 '근화향'이라고 했어. '근화향'은 한자로 풀면 '무궁화 근(槿), 꽃 화(花), 마을 향(鄉)'이거든. 즉, '무궁화가 많이 피는 나라'라는 뜻이야. 또 조선 시대에는 중국에서 우리나라를 일컬어 '근역', 즉 '무궁화 근(槿), 곳 역(域)'이라고 했어. 역시 무궁화가 많이 피는 나라라는 뜻이지. 그렇게 보면 거의 천 년 전부터 무궁화는 우리나라를 상징하는 꽃이었던 거야. 그만큼 우리나라 곳곳에 무궁화가 많이 피었다는 의미이기도 하고 말이야.

무궁화는 왜 무궁화일까?

무궁화라는 이름에 대해서 고려 시대에 높은 벼슬도 한 시인 이규보가 친구들과 논쟁한 것을 글로 남겨 놓은 것이 있어.

친구 중에 성이 박씨인 사람과 문씨인 사람이 서로 주장하기를, 한 사람은 "한자로 '없을 무(無), 다할 궁(窮)'을 써서 '무궁화(無窮花, 마르지 않도록 꽃이 핀다.)'다."라고 했고, 다른 한 사람은 "'없을 무(無), 궁궐 궁(宮)'을 써서 '무궁화(無宮花, 궁궐에는 없는 꽃)'다."라고 했다는 거야.

궁궐에 없는 꽃이라서 무궁화라고 했다는 건 중국에서 실제 있었던 일이야. 중국의 한 임금이 부인을 위하여 많은 꽃을 궁궐에 심었는데, 다른 꽃은 다 피었는데 무궁화만이 꽃을 피우지 않아서 '궁궐에는 없는 꽃'이라는 의미로 이름을 지어 불렀다는 거야. 그런 옛이야기를 빗대어 이규보의 친구가 주장한 거지.

피고 지고 또 피는 무궁화

무궁화는 일제 강점기 때 일본 제국주의자들에게 많은 서러움을 당한 꽃이기도 해. 무궁화를 이르는 다른 이름에 그 흔적이 남아 있지.

‘학질 꽃’, ‘눈의피 꽃’, ‘부스럼 꽃’이라는 이름으로 불렀거든.

꽃을 만지면 학질이라는 병에 걸리고(학질 꽃), 눈에 핏발이 서고(눈의 피 꽃), 온몸에 부스럼이 난다(부스럼 꽃)면서 붙인 이름이야. 우리의 민족정신을 흐트러뜨리기 위해 거짓으로 지어낸 거지.

무궁화는 떠오르는 아침 해와 더불어 피고 저녁에는 지는 해를 따라 깨끗하게 져. 그리고 다음 날 또 피었다 다시 지는 거지. 이런 식으로 여름에서 가을에 걸쳐 약 100일 동안 꽃을 피워.

매일 아침 새로운 꽃이 끝없이 이어서 피는데 그 신선함과 아름다움을 다른 나라 사람들도 모를 리 없겠지?

무궁화의 속명은 ‘히비스커스’인데 이집트의 아름다운 히비스 신을 닮았다고 해서 붙인 이름이래. 또 영어로는 ‘샤론의 장미’라고 하는데, 샤론은 성경에 나오는 성스러운 땅을 말해. 그러니까 ‘신에게 바치는 꽃’ 또는 ‘성스러운 꽃’이라는 뜻이야.

나라꽃 무궁화의 아름다움을 더 빛낼 수 있도록 잘 가꾸면 좋겠어.

여인의 한결같은 사랑

옛날 어느 고을에 아름답고 마음씨 고운 여인이 살고 있었어. 여인은 얼굴만 고운 것이 아니라 시도 잘 짓고 붓글씨도 잘 썼으며 그림과 노래에도 재주가 뛰어났지.

그래서 고을의 총각들이 너도나도 이 여인에게 장가들려고 앞다투어 청혼을 했어. 그러나 여인은 부잣집 아들도, 장원 급제한 총각도 마다하고 넉넉지 않은 살림의 장님에게 시집을 갔어.

마음씨 고운 여인은 비록 앞 못 보는 남편이지만 지극정성으로 사랑하며 궂은일도 마다 않고 척척 해내며 집안 살림을 꾸려 나갔어.

착한 여인에 대한 소문은 바람을 타고 널리 퍼져 나가 마침내 고을 원님의 귀에까지 들어가게 되었지. 고을 원님은 그 여인을 한번 보겠다며 동헌으로 불렀어. 상이라도 주어 고을 사람들이 본받기를 바라는 마음이었지.

그런데 여인의 아름다운 모습을 본 원님은 그만 넋을 잃고 말았어.

'하늘나라에서 내려온 선녀같이 아름다운 여인이구나.'

처음 생각과는 달리 여인의 아름다움에 반한 원님은 그만 욕심이 났어. 그래서 힘들게 살지 말고 자신의 부인으로 들어와 편히 살라고 설득을 했지. 하지만 여인은 단호하게 거절했어.

"원님, 저에게는 앞 못 보는 지아비가 있습니다. 어찌 그런 지아비를 버리라 말씀하십니까. 청을 거두어 주십시오."

그러나 원님은 막무가내였어. 만약 자신에게 오지 않겠다면 당장 목을 치겠다고 원님이 엄포를 놓았지만 여인은 마음을 바꾸지 않았지. 화가 난 원님은 여인을 당장 끌고 나가 목을 치라고 명령했어.

여인은 포졸들에게 끌려가면서 마지막 유언을 남겼지.

"포졸 나리, 마지막 제 청을 들어주시오. 내가 죽거들랑 저를 꼭 저희 집 울타리에 묻어 주세요."

포졸은 착한 여인을 죽여야 하는 게 편치 않았지만 원님의 명이니 어쩔 수 없었어. 그래도 여인의 마지막 유언을 들어주겠다고 했지. 그리고 여인의 유언대로 여인의 주검을 집 울타리 밑에 고이 묻어 주었어.

그 다음 해에 억울하게 죽은 여인을 묻은 울타리 밑에서 한 그루의 꽃나무가 자라기 시작했어. 그 나무는 금세 울타리를 둘러싸며 아름

다운 꽃을 피웠지. 사람들은 그 꽃을 '울타리꽃'이라 부르며 여인의 한결같은 사랑을 기렸어. 이 꽃이 바로 '일편단심'이라는 꽃말을 가진 무궁화야.

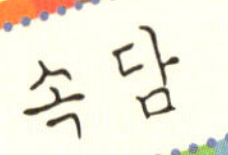

무궁화가 일찍 피면 서리도 일찍 온다

무궁화가 피고 나서 100일 정도 지나면 서리가 내리는 계절이 돼. 그러니 무궁화가 일찍 피면 서리도 일찍 내린다는 뜻을 담은 속담이야.

무궁화

- **다른 이름** : 목근화, 무궁아, 무개나무 등
- **분류** : 아욱목 아욱과
- **자라는 곳** : 한국, 중국, 인도 등
- **생김새** : 대부분 키가 2~4미터 정도이고 때로는 아주 큰키나무로 자라는 것도 있다. 전체에 털이 없고 많은 가지를 치며 회색을 띤다.
- **잎** : 늦게 돋아나고 어긋나며 자루가 짧고 마름모꼴 또는 달걀 모양으로 얕게 세 개로 갈라지거나 가장자리에 불규칙한 톱니가 있다. 표면에는 털이 없으나 잎 뒷면에는 털이 있다.
- **꽃** : 보통 홍자색 계통이나 색은 다양하다. 꽃의 밑동에는 진한 색의 무늬가 있는 경우가 많다.

뽕뽕뽕 방귀쟁이

뽕잎을 먹는 누에

길거리 음식 중에 '뻔데기'라는 게 있어. 예전에는 학교 앞에서 뻔데기를 파는 장수를 흔히 볼 수 있었지. 국어사전에 올라 있는 이름은 '번데기'지만 심심풀이 간식으로 먹는 음식을 이를 때는 '뻔데기'라고 하는 게 왠지 더 맛있어 보여.

뻔데기는 원래 뽕잎을 먹는 누에를 삶아 말린 거야. 누에는 나방의 애벌레인데, 나방이 되기 전에 통통한 애벌레로 있으면서 뽕잎을 먹고 실을 뽑아내 고치를 짓는 벌레야. 애벌레라고 하면 징그럽다는 생각이 들 수도 있지만, 이 누에고치에서 실을 뽑아 비단을 만들어 이용하니까 누에는 우리 생활에 큰 도움이 되는 벌레란다.

방귀 대장 뽕나무

비단실을 자아내는 누에가 먹는 식물이 뽕나무야. 지금은 쉽게 볼 수 없고 누에 농사를 짓는 곳에서만 뽕나무를 볼 수 있지만, 옛날에는 우리나라 산 곳곳에서 볼 수 있었어. 또 뽕나무의 열매인 오디는 맛이 아주 달아서 인기가 좋았지. 오디는 다 익으면 까만색을 띠는데 이걸 따 먹으면 입 주위가 새까매져서 친구들끼리 서로 놀리기도 했어. 그런데 뽕나무는 이름이 왜 방구가 생각나게 하는 '뽕나무'일까? 옛날부터 전해 오는 민요 중에 이런 노래가 있어.

참나무허구 뽕나무허구 대나무가 살았는디
뽕나무가 방구를 뽕뽕 뀐께

노랫말이 재밌는 이 노래는 전라북도 부안에서 전해 오는 민요야. 이름을 재미나게 엮어서 말놀이를 즐기는 노래지. 노랫말에도 있듯이 뽕나무 열매 오디를 많이 먹으면 방귀가 뽕뽕 나와서 나무 이름이 뽕나무가 되었어.

학자들이 연구를 해 보니, 오디에는 소화를 돕는 성분이 많고 변비를 낫게 하는 효능도 있대. 그래서 오디를 먹으면 뽕뽕 방귀가 나오는 거였어. 옛사람들도 그것을 알고 이름을 '방귀가 나오는 뽕나무' 이렇게 지은 거지.

피라모스와 티스베

옛날 바빌론에 잘생긴 청년 피라모스와 아름다운 처녀 티스베가 한 마을에 살았어. 둘은 사랑하는 사이였지. 하지만 두 사람의 부모님은 둘의 사랑을 반대했기에 둘은 서로 이웃에 살면서도 만나는 것조차 금지되었어.

그러던 어느 날, 서로가 너무도 보고 싶었던 두 사람은 담장 너머로 오늘 저녁에 마을 끝에 있는 들판의 흰 뽕나무 아래서 만나자고 몰래 약속을 했어. 그리고 어스름 저녁이 되자 티스베가 먼저 흰 뽕나무 아래로 나가 피라모스를 기다렸지.

그때 사자 한 마리가 나무 곁에 있는 샘에 물을 먹으러 다가왔어. 티스베는 너무 놀라 나무 뒤로 몸을 숨기다가 머리에 쓰고 있던 베일을 샘에 떨어뜨리고 말았어. 사자도 깜짝 놀라 으르렁거리며 티스베의 베일을 피 묻은 입으로 찢어 버리고는 사라졌지.

사자가 간 후에 피라모스가 약속 장소에 찾아왔어. 그런데 이게 웬일이야! 샘물가에는 사자 발자국이 어지럽게 찍혀 있고, 사랑하는 티스베의 베일은 피가 묻은 채 찢어져 있는 거야.

티스베가 사자에게 물려 죽은 것으로 착각한 피라모스는 울부짖었어.

"그대가 죽은 것은 나 때문이오. 이런 무서운 장소로 나오게 한 것도, 오래도록 홀로 있게 한 것도 나의 죄. 이제 나도 죽어 그대에게 가겠노라, 그리고 뽕나무 너는 나의 피로 물들이리라."

그러고는 칼을 빼어 자신의 가슴을 찔렀어. 피라모스의 피는 뽕나무 뿌리를 타고 올라가 열매를 붉게 물들였지.

사자 때문에 공포에 떨며 눈과 귀를 막고 숨어 있던 티스베는 이런 일이 벌어진 줄 까맣게 모른 채 나중에야 피라모스를 발견했어. 그리고 쓰러진 연인을 부둥켜안고 울었어.

"어찌된 일인지 말 좀 하세요, 머리를 들어 줘요."

피라모스는 잠시 눈을 떴다 감고는 영영 일어나지 못했어. 피라모스

를 안고 통곡하던 티스베는 자신의 찢긴 베일과 칼을 보고 무슨 일이
일어났는지 그제야 알아차렸지. 하지만 이미 연인은 죽은 뒤였어.
티스베는 사랑하는 피라모스를 뒤따라가기로 결심하고 곁에 서 있는
뽕나무에게 말했어.
"뽕나무야, 네 열매로 하여금 우리의 사랑과 죽음을 기억하도록 하여
다오."
그리고는 칼을 빼어 자신의 가슴을 찔러 죽고 말았어. 이후로 뽕나무
는 지금과 같은 검붉은 열매를 맺게 되었다고 해.

상전벽해 되어도 비켜설 곳(이) 있다

뽕나무 밭이 푸른 바다가 되더라도 피할 길이 있다는 뜻으로, 아무리 큰 재해 속에서도 살아날 가망은 있음을 이르는 말이야.

뽕 내 맡은 누에 같다

마음이 좋아서 어쩔 줄 모른다는 뜻으로, 들뜨고 상기된 기분을 가진 사람을 이르는 속담이야.

임도 보고 뽕도 따고

두 가지 이익을 동시에 얻는다는 뜻을 담은 속담이야.

뽕나무

- **다른 이름** : 상목, 오디나무, 뺑낭그, 뽕낭 등
- **분류** : 쐐기풀목 뽕나뭇과
- **자라는 곳** : 온대, 아열대 지역
- **생김새** : 작은 가지는 회색빛을 띤 갈색 또는 흰색이고
  잔털이 있으나 점차 없어진다. 3~4미터까지 자란다.
- **잎** : 달걀 모양 원형 또는 긴 타원 모양 원형이며 세 개에서 다섯 개로 갈라진다.
  가장자리에 둔한 톱니가 있으며 끝이 뾰족하다.
- **꽃** : 6월에 핀다. 씨방은 털이 없다.
- **열매** : 6~7월에 검은색으로 익는다.

만만하게 보지 마

도토리 키 재기

옛 속담에 '도토리 키 재기'라는 말이 있어. 그만그만한 것들끼리 서로 잘났다고 우기는 모양을 빗대어 이르는 속담이야.

도토리는 대추 열매보다 조금 작은 크기의 열매로, 참나뭇과에 속하는 졸참나무, 갈참나무, 물참나무, 상수리나무의 열매를 한꺼번에 일컫는 이름이야. 오돌토돌한 모자를 쓰고 있는 모습이 참 귀여운 열매지.

어른들이 즐겨 먹는 도토리묵이 바로 이 도토리를 가루 내어 만든 음식이야. 도토리를 날것으로 먹으면 텁텁하고 쌉쌀한 맛이 나지만 묵으로 만들어 양념간장을 찍어 먹으면 맛도 좋고 건강에도 좋아. 먹을 것이 귀했던 옛날에는 흉년이 들거나 긴 겨울을 날 때 중요한 음식 재료였어.

돼지가 잘 먹는 열매

그런데 도토리라는 이름은 어떻게 붙었을까? 생김새를 보면 오돌토돌한 모자를 쓰고 있으니까 '도톨이'라고 불렀던 것이 '도토리'가 된 것은 아닐까 생각도 들지만 사실은 돼지와 관련이 있어.

집에서 기르는 돼지나 산에서 사는 멧돼지는 예나 지금이나 도토리를 아주 좋아한다고 해. 그래서 옛날 사람들은 '돼지가 잘 먹는, 밤같이 생긴 열매'라는 뜻으로 한자로는 '저의율'이라고 했어. 돼지를 뜻하는 '저(猪)'와 알밤을 뜻하는 '율(栗)'을 써서 만든 이름이야. 우리말로는 '돝밤'이라고 불렀다고 해. 돼지를 옛날에는 '돝'이라고 불렀거든. 이렇게 처음에 '돝밤'으로 부르다가 '도톳밤→도톨밤이→도톨이→도토리'가 된 거야.

임금님도 반한 도토리묵

도토리가 열리는 참나무 종류 중에 상수리나무가 있는데, 이 나무의 이름 유래도 재미있어.

조선 시대 선조 임금이 임진왜란이 일어나자 의주로 피란을 가게 되었어. 급히 피란을 간 것이니까 먹을 것이 변변치 않았겠지? 그래서 신하들이 생각 끝에 서민들이 먹던 도토리묵을 만들어 임금님 수라상에 올렸다고 해. 혹시나 임금님 입에 안 맞으면 어쩌나 걱정하던 신하들에게 선조 임금은 오히려 맛있다며 피란 가 있는 내내 도토리묵을 잘 드셨대.

그 뒤로 사람들은 임금님 수라상에 오른 음식이라 하여, '올릴 상(上)'과 임금님 밥상 '수라(水剌)'를 합해 '상수라' 열매, '상수라' 나무라고 불렀대. 그것이 변하여 '상수리나무'가 된 것이라는 이야기가 있어.

하지만 학자들은 그 이야기는 전설일 뿐이고, 원래 상수리나무는 '도토리 상(橡)+열매 실(實)+이'라는 글자가 모여 만들어진 것이라고들 해. 즉, '상실이나무'라고 부르던 이름이 '상수리'로 바뀌어 지금까지 불린다는 거지.

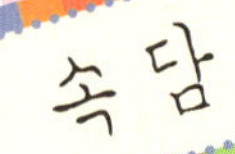

도토리 키 재기

고만고만한 사람들끼리 서로 다투는 것을 이르는 속담이야.

도토리는 벌방을 내려다보면서 열린다

도토리는 산에서 벌을 내려다보고 벌이 많으면 열리고 적으면 열리지 않음을 뜻하는 말로, 농사가 잘되는 때에 도토리도 많이 열리는 것을 뜻하는 속담이야.

개밥에 도토리

개는 도토리를 먹지 않아. 만약 개에게 밥으로 도토리를 주면 개 밥그릇에 도토리만 남게 될 거야. 즉, 여럿과 어울리지 못하고 따돌림을 받는 모양을 가리키는 속담이야.

상수리나무

- **다른 이름** : 참나무, 구람나무, 물갈나무, 꿀밤나무,
  버대기나무 등
- **분류** : 참나무목 참나뭇과
- **자라는 곳** : 한국, 중국, 일본 등
- **생김새** : 다 자라면 키가 20~25미터까지 자란다. 몸통의 지름은 1미터 정도이다.
  나무껍질은 회색을 띤 갈색이고, 작은 가지에 잔털이 있으나 없어진다.
- **잎** : 어긋나고 길이 10~20센티미터의 긴 타원 모양이며 양끝이 뾰족하고
  가장자리에 바늘 모양의 예리한 톱니가 있다.
- **꽃** : 암수한그루이고 5월에 핀다.
- **열매** : 도토리라고 부르며 단단한 껍질에 싸여 있고 둥글며 꽃이 핀 다음 해 10월에 익는다.